How To Ge

Cemaes, on the A north coast, is easily accessible b to the town. (Arriva 01248 75

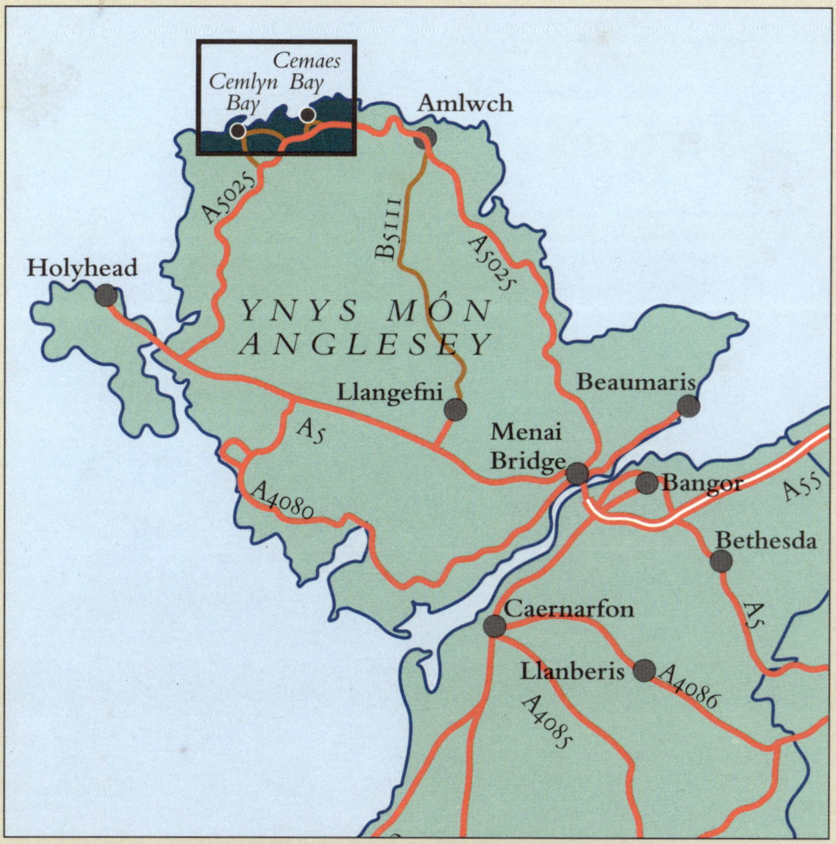

Walks on Anglesey
Cemaes

Cemaes on the Isle of Anglesey, the most northerly village in Wales, is flanked by exceptionally attractive stretches of rugged coastline, and is in an Area of Outstanding Natural Beauty. Its focal point is a picturesque old harbour and sheltered sandy beach. Much of the land here - stretches of coastline to the east of the harbour and the Dinas Gynfor headland - is owned and cared for by the National Trust. Cemaes is the starting point for a number of walks which will take you along some of the most wildly beautiful coastline in Wales. Along the way, there's a fascinating range of historic sites - an Iron Age fort, headland church and abandoned industrial workings.

Sea campion

Cemaes to Porth Padrig ('White Lady Bay')

Distance 2 miles / 3.2km (option 1) / 1½ miles / 2.8km (option 2)
Time 1 hour (option 1) / 50 minutes (option 2)

Cemaes to Llanbadrig Point

Distance 3 miles / 4.8km (option 1) / 2¾ miles / 4km (option 2)
Time 1½ hours (option 1) / 1 hour 10 minutes (option 2)

Cemaes to Dinas Gynfor and Porth Wen

Distance 5½ miles / 8.9km (option 1) / 3½ miles / 5.6km (option 2)
Time 3 hours (option 1) / 2 hours (option 2)

Cemaes River Walk (not on National Trust land)

Distance ½ mile
Time ½ hour (approx)

Points of Interest

Cemaes

This pretty spot is the northernmost village in Wales. Until the development of nearby Amlwch, it was the chief port for northern Anglesey and a busy centre for shipbuilding and the salting of herrings. This remote, rocky coast was also known for its smuggling and shipwrecks. It has a sheltered sandy beach, rock pools, a picturesque old stone quay and wonderful coastal walks. Cemaes now serves as a popular holiday centre.

Limestone cliffs and limekiln, 'White Lady Bay'.

Porth Wen

The abandoned brickworks on the western shores of this remote, cliff-bound bay are a strange and eerie sight. Weathered quartzite from the cliff behind was used to make silica bricks, capable of withstanding the very high temperatures generated in the furnaces of the steel industry. The inaccessible location was a major handicap, and the works closed in 1924. These brickworks are in a VERY DANGEROUS condition - please heed the warning given in the 'Cemaes to Dinas Gynfor and Porth Wen' route description.

Porth Padrig ('White Lady Bay')

Porth Padrig is also known as 'White Lady Bay'. The name relates to the large upstanding block of white quartzite situated on the beach. (see cover illustration)

St Padrig's Church, Llanbadrig

This church, reputedly one of the oldest Christian sites in Wales, overlooks the eastern entrance to Cemaes Bay. It is the only church in Wales dedicated to Patrick, Ireland's patron saint. According to legend, the early Christian missionary Patrick was shipwrecked off Anglesey. He managed to reach land and sheltered in a cave. In gratitude, in AD440 he founded the church on the headland above. The present church, dating from the 14th century, was restored in the 19th century by Lord Stanley of Alderley. Stanley was a Muslim - hence the predominance of blue, an Islamic influence, in the windows and tiles. The ancient monolith in the church, the Icthus Stone, is probably a standing stone on which Christian symbols were inscribed in the 7th-11th centuries.

St Padrig's Church

Porth Llanlleiana

The ruins here are those from a 19th-century clay works. Clay, used in the manufacture of porcelain, was dug from the hillside and shipped from the little harbour.

Dinas Gynfor

This headland, the most northerly point in Wales, commands spectacular views along Anglesey's wild and rugged north coast, from The Skerries off Carmel Head in the west to Point Lynas in the east. A watchtower commemorates the coronation of Edward VII in 1901. Dinas Gynfor bears evidence of a substantial Iron Age promontory fort, whose ramparts can still be traced. The island to the north-west, Middle Mouse, is otherwise known as Ynys Badrig after the legend of St Patrick's shipwreck (see St Padrig's Church). The coastal path eastwards from Dinas Gynfor is particularly spectacular, descending steeply to Porth Cynfor (or Hell's Mouth).

Birdlife

Gulls, fulmars and oystercatchers are amongst the birds you will see from the coast path.

Oystercatcher

Plants

In spring and summer the cliffs are ablaze with colour, including blue sheep's bit, yellow cat's ear, purple knapweed and white wild carrot.

Geology

The coastline at Llanbadrig and Dinas Gynfor is of great geological significance and is designated a Geological Conservation Review Site as well as being a Site of Special Scientific Interest. This section of coast is justly famous for its well-exposed contact between rocks of the ancient Mona Complex (some of the oldest rocks in England and Wales) and the younger cover of fossil-bearing rocks from the Lower Ordovician period. Spectacular rock formations known as Gwna Mélange can be seen between Cemaes and Porth Padrig. These Precambrian rocks (600 million years old) are a mixture of mainly quartzites and limestones. The latter contains small fossils.

Looking east
from Dinas Gynfor

Cemaes to Porth Padrig ('White Lady Bay')

Distance 2 miles / 3.2km (option 1) / 1½ miles / 2.8km (option 2)
Time 1 hour (option 1) / 50 minutes (option2)

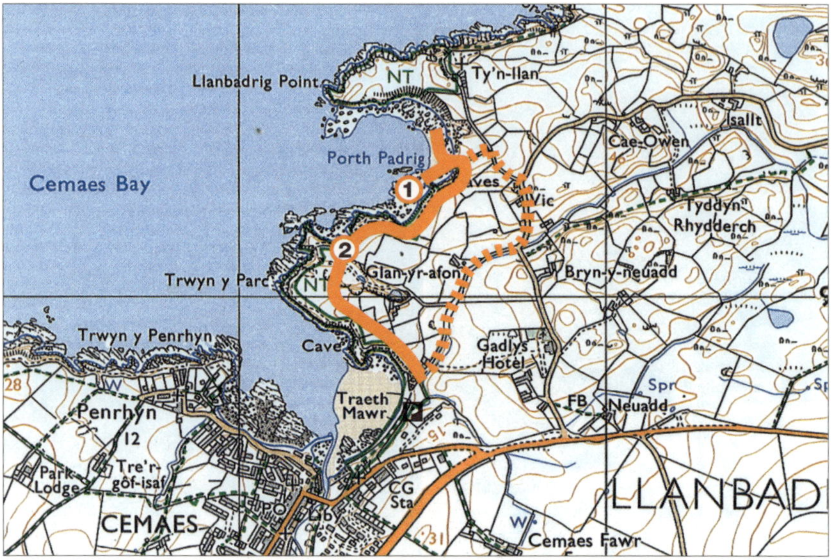

From the Traeth Mawr car park at the eastern end of the beach look out for the signpost marking the beginning of the route at the bottom of the flight of steps. Climb the steps and follow the path to **Porth Padrig**①, passing the remains of a **19th-century limekiln**②, a testimony to a period of intense agricultural improvement. To reach the secluded beach of Porth Padrig go down the steps after the kissing gate. To return to the car park, either retrace your steps (option 1) or, at the top of the steps go through the kissing gate and turn left along a narrow hedged path between fields towards the lane (option 2). At the lane turn right. Continue along the lane until you reach the right turn which takes you back down to the car park.

Wheatear

Cemaes to Llanbadrig Point

Distance 3 miles / 4.8km (option 1) / 2¾ miles / 4km (option 2)
Time 1½ hours (option 1) / 1 hour 10 minutes (option 2)

From the Traeth Mawr car park follow the Porth Padrig walk as far as the kissing gate, where the steps lead down to the beach. At the kissing gate turn right along a narrow hedged path between fields towards the lane. At the lane turn left towards **Llanbadrig Church**① and Point. Visit the church and walk around the headland. Return by the same route (option 1), or instead of taking the path to the right off the lane continue along the lane back to the car park (option 2).

Please note that on this walk children need supervision as the path is very narrow in places, with sheer drops to the sea.

Sea kale

Cemaes to Dinas Gynfor and Porth Wen

Distance 5½ miles / 8.9km (option 1) / 3½ miles / 5.6km (option 2)
Time 3 hours (option 1) / 2 hours (option 2)

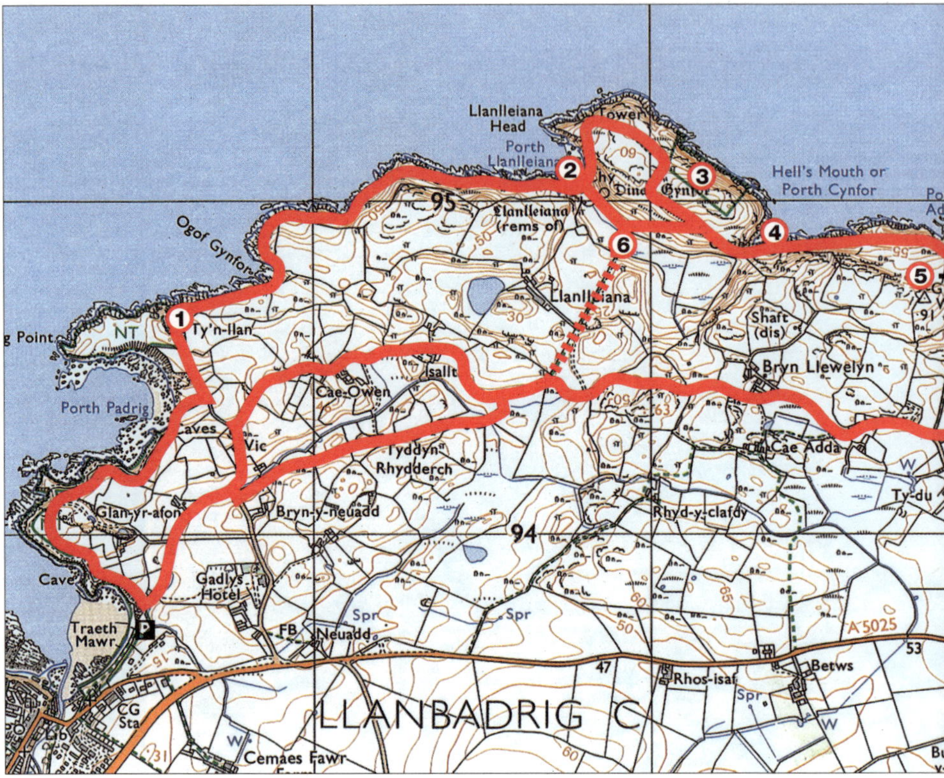

Red breasted mergansers

From the Cemaes (Traeth Mawr) car park follow the Cemaes path to Llanbadrig Point. Walk as far as the **church**①. Go through the graveyard over the stone stile and on to the coastal path (not on National Trust land).
Turn right and follow the narrow path along the coast (care should be taken on this section as there are sheer drops). The path leads to **Porth Llanlleiana②, Dinas Gynfor③, Porth Cynfor④** and **Porth Wen⑤** (option 1).
Please note that the abandoned brickworks at Porth Wen are in a VERY DANGEROUS condition and are on private land with no public access. They should only be viewed from the clifftop - please be careful here as the ground is dangerous and loose.

Fulmars

At Porth Wen follow the path inland which joins a narrow lane. Turn right along the lane. Continue along the lane past Bryn Llywelyn and the footpath towards Dinas Gynfor to the next footpath on the left, before Isallt. In less than ¾ mile this footpath rejoins the lane which takes you back down to the car park.
For a shorter version of this walk (option 2), turn right by the old chimney of the china clay works above **Porth Llanlleiana**② on the approach to **Dinas Gynfor**③, turning right to cross the short **causeway**⑥ over marshy ground. From here, follow the footpath to the lane, turn right and follow the lane back to the car park.
As with the previous walk, a careful watch should be kept on children on sections of this route.

Cemaes River Walk (not on National Trust land)

Distance ½ mile
Time ½ hour (approx)

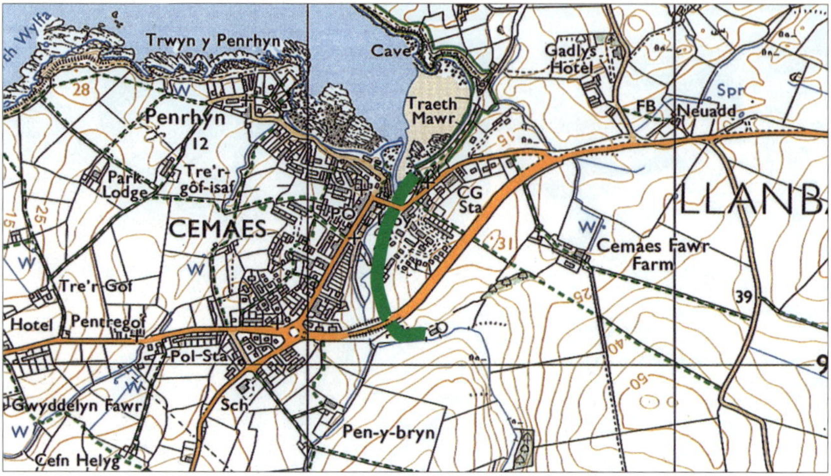

From the car park at the west end of the beach follow the 'River Walk' signpost along a narrow path under the road. In a short distance, the path splits into two. The path to the right takes you onto a wooden bridge and across the river. On this bank of the river there are several picnic benches, but the path is somewhat uneven and becomes very muddy in the rain. Alternatively, follow the flat, even path on the left bank, suitable for pushchairs, which follows the route of an old tramway (some of the rails are still visible).

The walk is very picturesque and in distinct contrast to the seaside atmosphere of the bay. The land alongside the river provides a rich habitat for many plants and birds.

The paths meet again at a small wooden bridge just before the passage under the A5025. Walkers can therefore follow a circular route along both banks of the river, returning the same way to the car park. To extend the walk a little, walkers can continue on under the A5025, following the path through a kissing gate and along the course of the river to the Cemaes brickworks, an interesting old industrial site which has recently been restored. Built in 1907 by local landowner Lady Sarah Hughes-Hunter, the works only had a short operational life, closing at the start of World War One.

Sut i Gyrraedd Yno

Mae Cemaes ar yr A5025 sy'n rhedeg o gylch arfordir gogleddol Môn. Mae'r dref yn cael ei gwasanaethu'n rheolaidd gan fysiau. (Arriva 01248 750444)

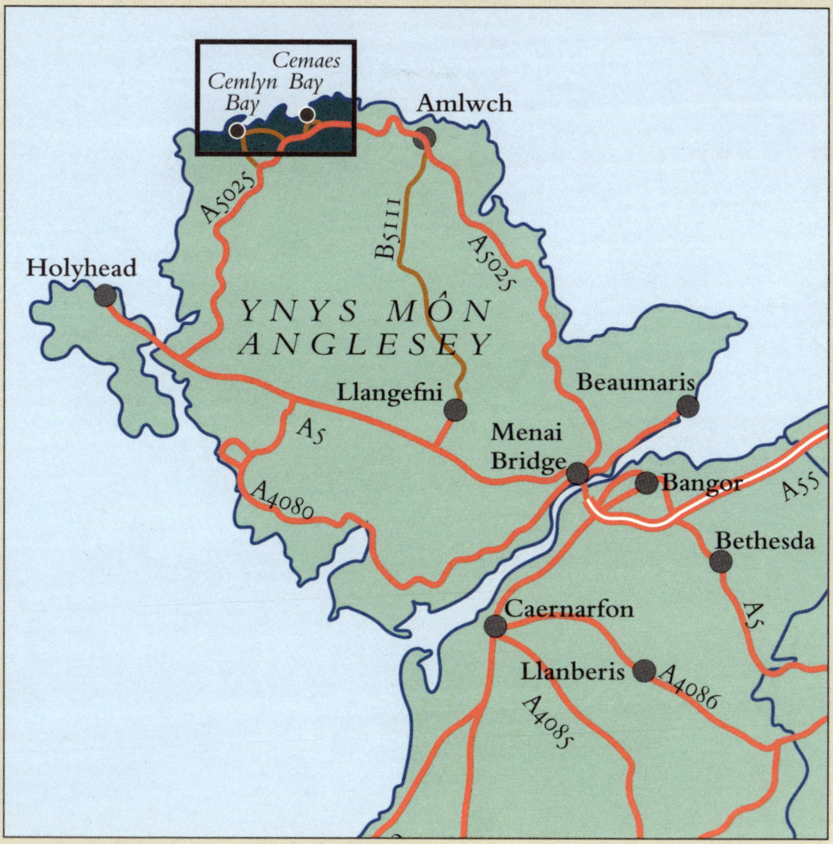

Teithiau Cerdded yng Nghemaes
Cemaes

Cemaes ar Ynys Môn yw pentref mwyaf gogleddol Cymru. Saif mewn ardal o Harddwch Naturiol Neilltuol, gydag arfordir garw sy'n arbennig o atyniadol. Y canolbwynt yw'r bae, ei harbwr a'i draeth melyn cysgodol. Mae llawer o'r tir – rhannau o'r arfordir i'r dwyrain o'r harbwr a thrwyn Dinas Gynfor – ym meddiant a gofal yr Ymddiriedolaeth Genedlaethol. Mae Cemaes yn fan cychwyn ar gyfer nifer o deithiau cerdded aiff â chi ar hyd rhai o rannau harddaf arfordir Cymru. Ar y ffordd, cewch weld amrywiaeth rhyfeddol o safleoedd hanesyddol – caer o Oes yr Haearn, eglwys ar bentir a hen weithfeydd diwydiannol.

Gludlys arfor

Cemaes i Borth Padrig ('Bae'r Arglwyddes Wen')

Pellter 2 filltir / 3.2km (dewis 1) / 1½ milltir / 2.8km (dewis 2)
Amser 1 awr (dewis 1) / 50 munud (dewis 2)

Cemaes i Drwyn Llanbadrig

Pellter 3 milltir / 4.8km (dewis 1) / 2¾ milltir / 4km (dewis 2)
Amser 1½ awr (dewis 1) / 1 awr 10 munud (dewis 2)

Cemaes i Ddinas Gynfor a Phorth Wen

Pellter 5½ milltir / 8.9km (dewis 1) / 3½ milltir / 5.6km (dewis 2)
Amser 3 awr (dewis 1) / 2 awr (dewis 2)

Taith Glan yr Afon (ddim ar dir yr Ymddiriedolaeth Genedlaethol)

Pellter ½ milltir
Amser ½ awr (tua)

Pwyntiau o Ddiddordeb

Cemaes

Lle bach tlws a hefyd y pentref mwyaf gogleddol yng Nghymru. Cyn i Amlwch gael ei ddatblygu, hwn oedd prif borthladd gogledd Môn ac roedd yn ganolfan brysur ar gyfer adeiladu llongau a halltu penwaig. Mae nifer o hanesion am smyglo a llongddrylliadau yn gysylltiedig â'r arfordir garw, diarffordd. Mae gan Gemaes draeth melyn cysgodol, pyllau glan môr, hen harbwr atyniadol a dewis helaeth o deithiau braf ar hyd yr arfordir. Erbyn hyn mae Cemaes yn ganolfan wyliau boblogaidd.

Clogwyni calchfaen, odyn galch a 'Bae'r Arglwyddes Wen'

Porth Wen

Golygfa ryfedd, iasoer braidd, yw'r un o'r hen weithfeydd brics ar lannau gorllewinol y bae diarffordd hwn. Roedd cwartsiau o'r clogwyn yn cael eu defnyddio i wneud brics silica, oedd yn gallu gwrthsefyll tymheredd uchel y ffwrneisi dur. Fodd bynnag, roedd safle'r gweithfeydd yn anfantais fawr a chau fu eu hanes ym 1924. Mae'r gweithfeydd brics mewn cyflwr PERYGLUS IAWN. Peidiwch ag anwybyddu'r rhybudd sy'n cael ei roi yn y disgrifiad o'r daith o Gemaes i Dinas Gynfor a Phorth Wen.

Porth Padrig ('Bae'r Arglwyddes Wen')

Mae Porth Padrig hefyd yn cael ei adnabod fel 'Bae'r Arglwyddes Wen'. Mae'r enw'n cyfeirio at garreg fawr wen sy'n sefyll ar y traeth.

Eglwys Sant Padrig, Llanbadrig

Tybir bod yr eglwys hon yn un o'r safleoedd Cristnogol hynaf yng Nghymru, ac mae'n edrych dros y fynedfa ddwyreiniol i Fae Cemaes. Dyma'r unig eglwys yng Nghymru sydd wedi'i chysegru i Padrig, nawddsant Iwerddon. Yn ôl y chwedl, bu'r cenhadwr Cristnogol cynnar mewn llongddrylliad oddi ar arfordir Môn. Llwyddodd i gyrraedd tir a chysgodi mewn ogof. Mewn diolch, ym 440 OC, sefydlodd eglwys ar y trwyn uwchlaw. Cafodd yr eglwys bresennol, sy'n dyddio o'r 14eg ganrif, ei hadfer yn y 19eg ganrif gan yr Arglwydd Stanley o Alderley. Roedd Stanley yn Fwslim a dyna sydd i gyfrif am y lliw glas, dylanwad Mwslemaidd, ar y ffenestri a'r teils. Mae'n debyg bod y monolith yn yr eglwys, Carreg Icthus, yn faen hir y cafodd symbolau Cristnogol eu cerfio arno rhwng y 7fed a'r 11eg ganrif.

Eglwys Sant Padrig

Porth Llanlleiana

Hen waith clai o'r 19eg ganrif yw'r adfeilion. Roedd clai ar gyfer gwneud porslen yn cael ei gloddio yma a'i gludo o'r harbwr gerllaw.

Dinas Gynfor

Dyma'r trwyn mwyaf gogleddol yng Nghymru, ac mae'r golygfeydd oddi yma'n odidog. Gellir gweld arfordir gwyllt gogledd Môn yr holl ffordd o Ynysoedd y Moelrhoniaid oddi ar Ben Bryn yr Eglwys yn y gorllewin i Drwyn Eilian yn y dwyrain. Mae'r tŵr gwylio yn coffáu coroni Edward VII ym 1901. Yn Oes yr Haearn roedd yma gaer bentir o gryn faint ac mae olion y rhagfuriau i'w gweld heddiw. Ynys Badrig yw'r ynys i'r gogledd ddwyrain, ac mae'n amlwg mai'r chwedl am longddrylliad Sant Padrig (gweler Eglwys Sant Padrig) sy'n gyfrifol am yr enw. Mae'r llwybr i'r dwyrain ar hyd yr arfordir o Ddinas Gynfor yn arbennig o drawiadol ac yn serth iawn wrth fynd i lawr am Borth Cynfor.

Adar

Mae gwylanod, adar drycin y graig a phïod môr ymhlith yr adar sydd i'w gweld ar hyd yr arfordir.

Pioden fôr

Planhigion

Yn y gwanwyn a'r haf mae'r clogwyni'n fôr o liw gyda'r clefryn glas, y melynydd melyn, y bengaled piws a moronen y maes ymhlith y blodau sydd i'w gweld.

Daeareg

Mae'r arfordir yn Llanbadrig a Dinas Gynfor o bwysigrwydd daearegol mawr ac wedi'i ddynodi'n Safle ar gyfer Gwarchodaeth Ddaearegol yn ogystal â Safle o Ddiddordeb Gwyddonol Arbennig. Mae'r rhan hon o'r arfordir yn enwog oherwydd bod cerrig hynafol y Mona Complex (rhai o'r cerrig hynaf yng Nghymru a Lloegr) i'w gweld yn uno â gorchudd iau o greigiau ffosil o'r cyfnod Ordofigaidd Isaf. Gellir gweld ffurfiau cerrig trawiadol sy'n cael eu hadnabod fel Gwna Mélange rhwng Cemaes a Phorth Padrig. Mae'r creigiau cyn-Gambriaidd hyn yn gymysgedd o gwartsiau a cherrig calch, yr olaf yn cynnwys ffosiliau bach sydd ymhlith y rhai hynaf erioed i gael eu canfod yng Nghymru a Lloegr.

Tua'r dwyrain o
Ddinas Gynfor

Cemaes i Borth Padrig ('Bae'r Arglwyddes Wen')

Pellter 2 filltir / 3.2km (dewis 1) / 1½ milltir / 2.8km (dewis 2)
Amser 1 awr (dewis 1) bron i awr (dewis 2)

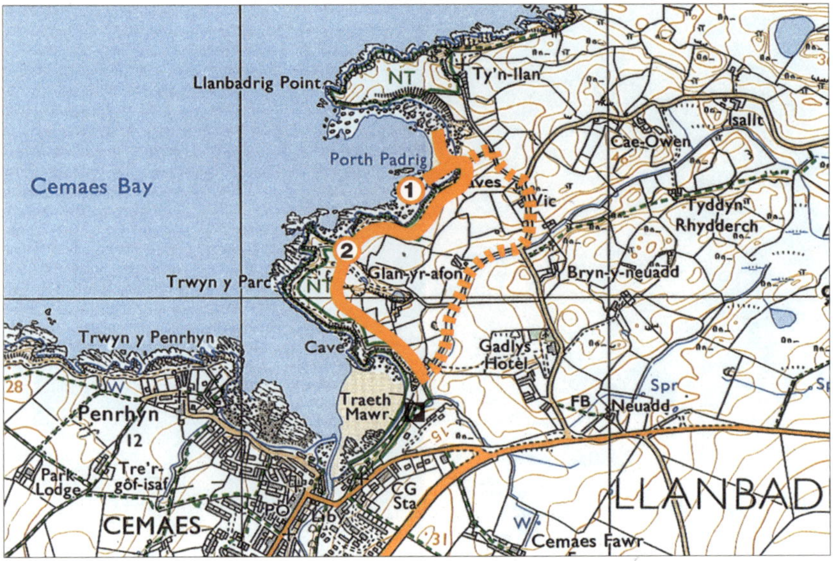

O faes parcio Traeth Mawr ym mhen dwyreiniol y traeth, edrychwch am y grisiau a'r arwydd ar y gwaelod sy'n nodi man cychwyn y llwybr. Dringwch y grisiau a dilyn y llwybr i **Borth Padrig**①, gan fynd heibio i olion odyn galch o'r **19eg ganrif**② sy'n tystio i gyfnod prysur o ran gwelliannau amaethyddol. Ewch trwy'r giât mochyn ac i lawr y grisiau er mwyn cyrraedd traeth tawel Porth Padrig. I ddychwelyd i'r maes parcio, ewch yn ôl ar hyd yr un llwybr (dewis 1) neu, ar ben y grisiau ewch trwy'r giât mochyn a throi i'r chwith ar hyd llwybr cul rhwng gwrychoedd a thrwy'r caeau tuag at y lôn (dewis 2). Wrth y lôn trowch i'r dde. Dilynwch y lôn nes y dewch at y tro i'r dde sy'n mynd â chi'n ôl i'r maes parcio.

Tinwen y garn

Cemaes i Drwyn Llanbadrig

Pellter 3 milltir / 4.8km (dewis 1) / 2¾ milltir / 4km (dewis 2)
Amser 1½ awr (dewis 1) / 1 awr 10 munud (dewis 2)

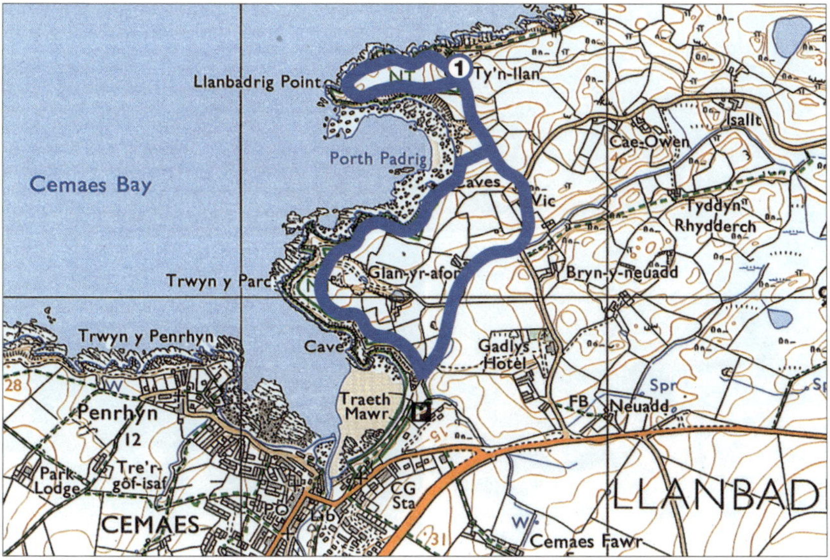

O faes parcio Traeth Mawr dilynwch y llwybr i Borth Padrig cyn belled â'r giât mochyn, a'r grisiau sy'n arwain i lawr i'r traeth. Wrth y giât mochyn trowch i'r dde ar hyd llwybr cul rhwng gwrychoedd a thrwy'r caeau tuag at y lôn. Wedi cyrraedd y lôn trowch i'r chwith tuag at **Eglwys a Thrwyn Llanbadrig**①. Ewch i'r eglwys a cherdded o gylch y trwyn. Dychwelwch ar hyd yr un llwybr (dewis 1), neu yn hytrach na dilyn y llwybr i'r dde oddi ar y lôn, cadwch ar y lôn nes cyrraedd yn ôl i'r maes parcio (dewis 2).

Sylwer bod angen gofal arbennig ar blant ar y daith hon gan fod y llwybr yn gul iawn mewn mannau gyda llethrau serth i'r môr.

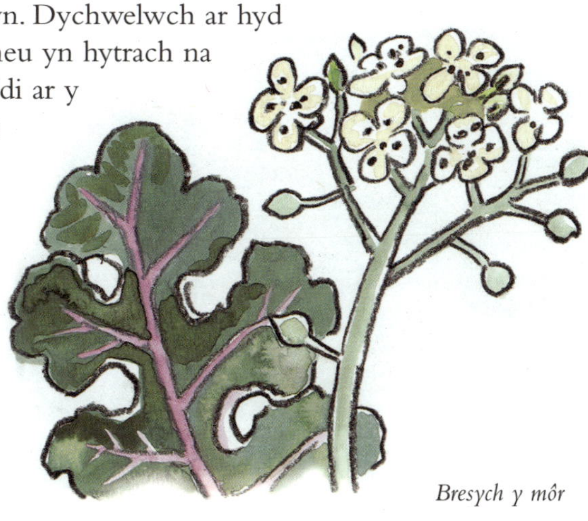

Bresych y môr

Cemaes i Ddinas Gynfor a Phorth Wen

Pellter 5½ milltir /8.9km (dewis 1) / 3½ milltir /5.6km (dewis 2)
Amser 3 awr (dewis 1) / 2 awr (dewis 2)

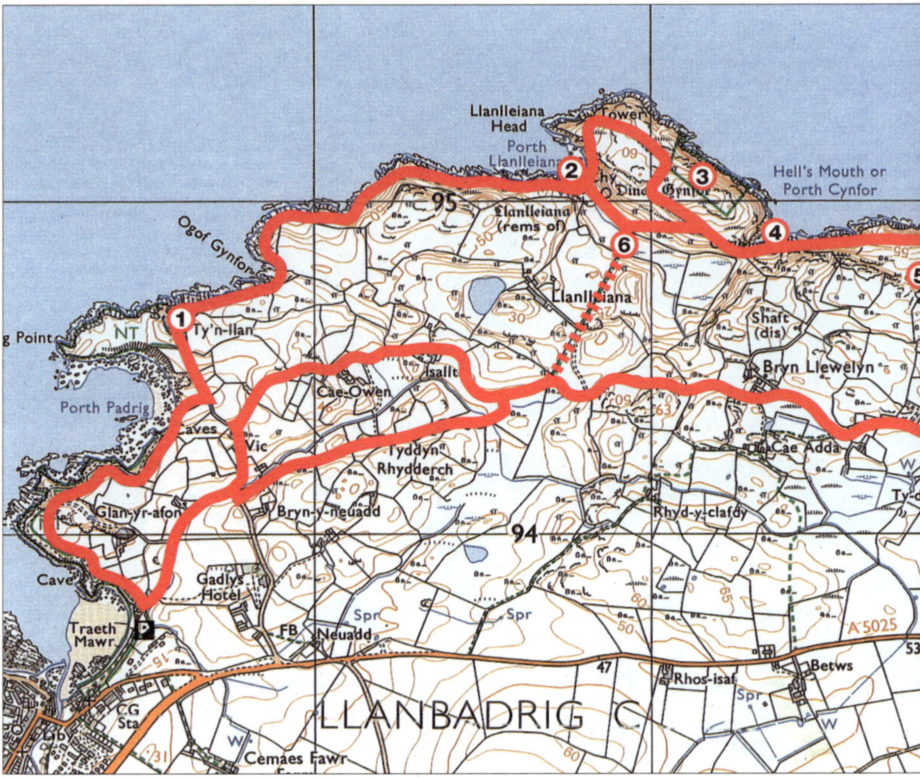

Hwyaid brongoch

O faes parcio Traeth Mawr dilynwch y llwybr i Drwyn Llanbadrig cyn belled â'r **eglwys**①. Ewch trwy'r fynwent a thros gamfa gerrig at lwybr yr arfordir. Trowch i'r dde gan ddilyn y llwybr cul ar hyd yr arfordir (dylid cymryd gofal ar y rhan hon o'r llwybr gan fod rhai o'r llethrau yn serth iawn). Mae'r llwybr hwn yn arwain i **Borth Llanlleiana**②, **Dinas Gynfor**③, **Porth Cynfor**④ a **Phorth Wen**⑤ (dewis 1). Sylwer bod yr hen weithfeydd brics ym Mhorth Wen mewn cyflwr PERYGLUS IAWN ac ar dir preifat heb fynediad i'r cyhoedd. Gellir edrych arnynt o ben y clogwyn – ond byddwch yn ofalus yma hefyd gan fod y tir yn rhydd. Ym Mhorth Wen dilynwch y llwybr i'r tir sy'n ymuno â lôn gul. Trowch i'r dde ar hyd y lôn. Dilynwch y lôn heibio i Fryn Llywelyn a'r llwybr i Ddinas Gynfor at y llwybr nesaf ar y chwith, cyn Isallt. Ym mhen llai na ¾ milltir mae'r llwybr hwn yn ailymuno â'r lôn sy'n mynd â chi'n ôl i lawr i'r maes parcio.

Adar drycin y graig

Am fersiwn fyrrach o'r daith hon (dewis 2), trowch i'r dde wrth hen simnai y gweithfeydd clai llestri uwchben **Porth Llanlleiana**② gerllaw Dinas Gynfor, ac yna troi i'r dde i groesi'r **sarn fer**⑥ dros dir corslyd. O'r fan hon, dilynwch y llwybr at y lôn, troi i'r dde a dilyn y lôn yn ôl i'r maes parcio.

Fel gyda'r daith flaenorol, mae angen cadw llygad gofalus ar blant ar rannau o'r llwybr hwn.

Taith Glan yr Afon (ddim ar dir yr Ymddiriedolaeth Genedlaethol)

Pellter ½ milltir
Time ½ awr (tua)

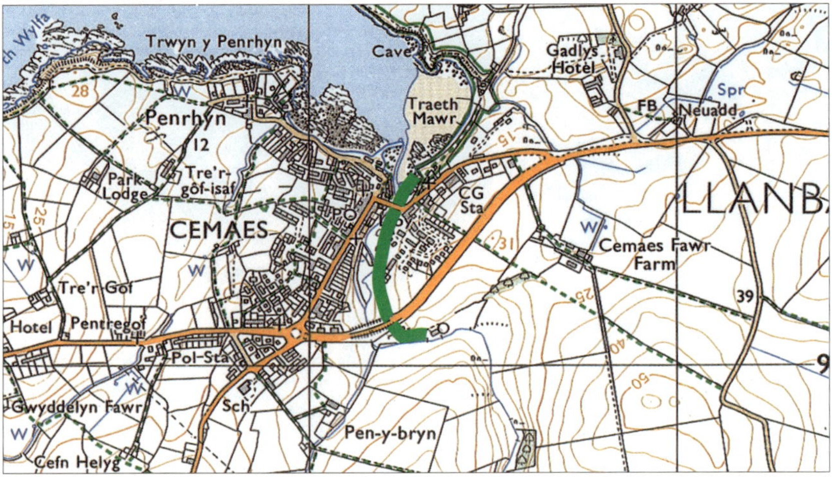

O'r maes parcio ar ben gorllewinol y traeth dilynwch yr arwydd 'Taith Glan yr Afon' ar hyd llwybr cul o dan y ffordd. Ym mhen ychydig, mae'r llwybr yn ymrannu'n ddau. Mae'r llwybr i'r dde yn mynd â chi at bont bren a thros yr afon. Ar yr ochr hon i'r afon ceir nifer o fyrddau picnic, ond braidd yn anwastad yw'r llwybr a mwdlyd iawn wedi iddi fwrw. Dewis arall yw dilyn y llwybr gwastad ar yr ochr chwith sy'n dilyn yr hen dramffordd (mae rhai o'r cledrau i'w gweld o hyd). Mae'r llwybr hwn yn addas i gadeiriau gwthio.

Mae'r daith hon yn hamddenol iawn ac yn cyferbynnu'n llwyr ag awyrgylch glan môr y bae. Mae'r tir o bobtu i'r afon yn gynefin cyfoethog iawn i nifer o adar a phlanhigion.

Mae'r llwybrau'n ailgyfarfod wrth bont fach bren cyn y llwybr o dan yr A5025. Felly, gall cerddwyr ddilyn llwybr crwn ar hyd dwy ochr yr afon, gan ddychwelyd yr un ffordd i'r maes parcio. I ymestyn ychydig ar y daith, gall cerddwyr fynd yn eu blaenau o dan yr A5025, gan ddilyn y llwybr trwy'r giât mochyn ac ar hyd glan yr afon at weithfeydd brics Cemaes – hen safle diwydiannol sydd wedi cael ei adfer. Fe'u hadeiladwyd ym 1907 gan y Foneddiges Sarah Hughes-Hunter, tirfeddiannwr lleol, ond oes fer fu i'r gweithfeydd gan iddynt gau ar ddechrau'r Rhyfel Byd Cyntaf.